AF297905

LES GRACES
PLEVRANTES
SVR LE TOMBEAV
DE LA REINE TRES-CHRESTIENNE
ANNE D'AVSTRICHE.

Deſſein de l'Appareil Funebre, dreſſé dans l'Egliſe du College des Peres de la Compagnie de IESVS à Grenoble.

A GRENOBLE,
Chez R. PHILIPPES, Imprimeur & Libraire, proche le College des RR. PP. Ieſuites, à la Belle-Siance.

M. DC. LXVI. (f.)

LES GRÂCES

REVERANTES

M. TOMBEAU

DE DAVPHICHE

A GRENOBLE

Chez R. Turrippes, Imprimeur & Lib.

de la Cour & des RR. PP.

Jesuites de la Plaisance

M.DC.LXVII

NOVS ne pouuions pas choisir vn dessein plus juste, ny plus propre à témoigner nostre reconnoissance enuers cette Reine, que celuy des Graces Pleurantes, puisque son Nom est celuy mesme de la Grace, dans la Langue Sainte. C'est de la Grace que les Souuerains tiennent toutes leurs Grandeurs, comme ils l'aduoüent dans leurs Titres. Nous sommes dans vne Ville qui a receu son Nom des Graces; Et c'est dans le Val de Graces, que cette Pieuse Reine a voulu qu'on mist son Cœur apres sa mort. Tellement que cette Action estant vn Deuoir Funebre, & vn Monument des bien-faits que nous auons receus de cette genereuse Princesse, elle est de bien de manieres vne solemnelle Action de Graces. Les Larmes sont aussi les Meres, & les Filles de la Grace, ses sources & ses ruisseaux; puisque celles de la Penitence sont semblables à la rosée dont se forment les Arc-en-ciels pour faire la serenité: & celles de la Charité sont de la nature de celles de l'Aurore, dont les Poëtes ont feint que se formoient toutes les Fleurs, les Perles & les Pierreries.

Le grand Tableau mis sur la Porte de l'Eglise, pour seruir d'inuitation, represente le Sujet de cette Pompe. On y void les trois Graces affligées, dont deux sont negligemment

4

affifes fur vn Tombeau', & la troifiéme verfe
des larmes fur le Sceptre & la Couronne
qu'elle tient entre fes mains. Elles ont des
Guirlandes de Lys & de Rofes, mais de Lys à
demy flêtris, & de Rofes défeüillées. L'inuitation eft exprimée en ces mots, qui font gra-
uez fur le Tombeau.

Huc oculos Viator
Vbi Mœrentes Gratiæ Lugent extinctum Galliæ decus
Annæ Auftriacæ Reginæ Chriftianiffimæ
Parentant Gratys affines Mufæ
In eâ Gratiarum Vrbe Quæ Rofis amica
A Lilys nunquam difceffit.
Difce ab ys Floribus
Nec Morum Candori Mortem parcere, nec Purpuræ;
Eamque Solum immortalem effe Gratiam
Quæ Morti affinis eft.

Cette Infcription fait allufion aux Rofes
des Armoiries de Mr le Duc de Lefdiguie-
res, qui les porte en Chef fur vn Lion, comme
le Diademe des Graces fur le Symbole de la
Valeur, au Blafon de cette Ville, à la fidelité
de cette Prouince durant les derniers troubles du Royaume, & à la Grace finale, qui eft
la feule qui demeure, & qui ne fe perd iamais.

Dés l'Entrée de l'Eglife, on void au deffus
du grand Autel le changement des Graces
trompeufes du Monde, en autant de Squelets
affreux, qui montrent ce qu'elles font ou ce
qu'elles feront vn iour. Ces Graces font, la
Vie, les Honneurs & les Richeffes. La Vie eft
reprefentée par vn Poudrier à marquer les
Heures, parce qu'elle n'eft qu'vn peu de terre

qui coule, qu'on tourne , & qu'on retourne à toutes heures , & qui remplit enfin vn Tombeau. Sa Deuiſe eſt vn de ces Verres triangulaires, qui font voir diuerſes couleurs , & qui font paroiſtre vn fumier auſſi agreable qu'vn beau parterre. L'Ame eſt tirée de l'Eſcriture Sainte. FALLAX GRATIA.

L'Honneur eſt repreſenté par vn Squelet veſtu du Manteau Royal, & placé ſous vne Couronne & ſous vn grand Pauillon ſemé de Larmes, comme la Couronne n'a que des os paſſez en Sautoir , & des Teſtes de Mort au lieu de Perles & de Pierreries. Il foule aux pieds des Thiares, des Couronnes , des Mithres, des Mortiers de Preſidens, des Liures, & d'autres marques d'Honneur , & tient vne Faux d'vne main, & vne Balance de l'autre, auec ces trois mots au deſſous , qui firent la condamnation de Balthaſar, MANE THECEL PHARES : dont le Prophete Daniel donna l'interpretation : *Numerauit Deus Regnum tuum, & compleuit illud.* Dieu a compté les Années de ton Régne, & tu en es enfin au bout. C'eſt le ſens du premier mot. *Appenſus es in ſtaterâ & inuentus es minus habens.* On t'a peſé dans la Balance, & tu n'a pas eſté trouué de poids. C'eſt le ſens du ſecond. *Diuiſum eſt Regnum tuum, & datum eſt Perſis & Medis.* C'eſt l'interpretation du troiſiéme. Ce fut ce que le Prophete dit à ce Prince. Mais icy la Mort ne dit autre choſe, ſinon qu'elle compte nos iours, qu'elle les peſe, & qu'enfin elle les tranche. Et c'eſt ce que ſignifient ſa Faux, ſa Balance, & ſa Montre.

6

La troisième Mort est celle des Richesses &
des biens de la Fortune. Elle a vn Manteau
d'or, & vn Miroir caßé à ses pieds, auec cette
Deuise de l'Escriture, VANA PVLCHRITV-
DO, parce que ce sont des biens qui passent,
comme l'Image d'vn Miroir, dont il ne nous
reste rien quand on luy a osté l'objet qu'il re-
presentoit.

Au deßous de la grande Mort, on lit ces
Vers de Boëce,

Mors spernit altam gloriam
Inupluit humile pariter & celsum caput
Æquatque summis infima.

Deux Deuises mises aux costez, enseignent
que la Mort n'épargne ny Grandeurs ny Di-
gnitez.

La première est vne Peone qu'vn vent dé-
feüille, auec ces mots, NEC PARCITVR OS-
TRO.

La seconde est la Lune dans son Eclipse,
causée par l'ombre de la Terre, auec cette
Ame : ET ME TERRA TEGIT ? comme si elle s'estonnoit qu'estant dans sa plénitude, & si
esleuée, la Terre l'ait pû conurir.

A ces trois Graces trompeuses, sont oppo-
sées autant de Graces Immortelles. La Vertu, la Renommée, & l'Eternité.

La Vertu, qui est le tresor de l'Esprit, est opposée aux Richesses ; elle est representée par
le Mausolée des anciennes Apotheoses, dreß-
sé au milieu de l'Eglise, sous le Dome. Parce qu'elle est vne espece de consecration in-
comparablement plus belle & plus auguste

que celle des Empereurs , qui ne receuoient
cét honneur que de la complaisance de leurs
Sujets , de l'ambition de leurs Proches , & de
la flatterie des Courtisans ; au lieu qu'il n'y a
que la Sainteté , & l'innocence des mœurs ,
qui fassent celle des Chrestiens.

La Renommée est opposée aux faux Honneurs, qui passent tandis qu'elle subsiste ; aussi
est-elle representée par vn reuers où l'on void
vn Liure volant , semblable à celuy que vid
vn Prophete. Ce Liure est semé d'A couronnez, & de Fleurs de Lys, auec cette Legende,
FAMA AVGVSTA : qui apprend que nos Hi-
stoires sont des Renommées volantes , qui
portent par tout l'Vniuers la gloire des belles
actions , & que ce sont ces Renommées que
nous voulons qui publient les bien-faits qué
nous auons receus des liberalitez de cette
Reine, & de sa protection. Deux Renommées
portent ce reuers, & enflent en mesme temps
leurs Trompettes , dont les Banderoles sont
chargées des Chiffres de cette Reine, meslez
à des Fleurs de Lys, tandis que deux branches
de Grenadier & de Pescher entourent le Monument, ou se lit vn Eloge propre du sujet. Le
Pescher est l'Image de la bonne Renommée,
parce que son fruit estoit parmy les Egyptiens
le Symbole du Cœur, & sa feüille celuy de la
Langue. Il semble aussi que la Grenade n'ouure son sein que pour parler, puisque si les pa-
roles ne sont autre chose que l'expression des
sentimens les plus cachez de nos cœurs , elle
fait voir le fonds du sien tout autant de fois

8

qu'elle s'ouure.

L'Eternité est opposée à la Vie, qui ne dure que peu d'Années. Des Anges, qui sont des Intelligences immortelles, soûtiennent le Reuers, où la feüe Reine est sur vn Globe étoilé, auec cette Legende, ÆTERNITAS AVGVSTA.

Il y a des Palmes & des branches de Cedre autour du Tombeau, parce que l'Escriture Sainte en a fait autant de Symboles de l'Eternité bien-heureuse. *Iustus vt Palma florebit sicut Cedrus Libani multiplicabitur.*

Le Pourtour de l'Eglise est decoré de douze autres Emblêmes en reuers, accompagnez de leurs Eloges, & des Symboles, qui sont propres des sujets qui y sont traitez.

Ce sont les Graces Naturelles, les Graces Politiques, les Graces Royales, & les Graces Chrestiennes, qui en sont les arguments de trois en trois.

Les Naturelles, sont la Naissance de la Reine, sa Noblesse & sa Fecondité. Les Politiques sont la Force, la Prouidence, & la Paix : Dont l'vne defend les Estats, l'autre pouruoit aux besoins de toutes les parties qui les composent ; & la derniere les tient en repos. Les Royales sont, la Liberalité, la Iustice, & la Clemence. Estant le propre des Souuerains de donner, de conseruer à chacun ce qui luy appartient, & de pardonner. Les Chrestiennes sont l'Humilité pour s'aneantir deuant Dieu, la Pieté pour l'honorer, & la Constance dans les aduersitez.

La Naiſſance de la Reine eſt repreſentée par le Cygne Celeſte, qui ſemble apporter en terre vne petite Princeſſe, qui a en main vn Rameau d'or, On void ſur le col de ce Cygne la nouuelle Eſtoile qui parut dans cette conſtellation, l'année que la Reine nâquit, & dans l'exergue de la Medaille eſt la marque de M D C. qui fut le commence-ment du Siecle, & l'année de ſa Naiſſance. La Legende eſt, FELICITAS SÆCVLI AVGVSTA. Ce reuers eſt porté par vne grande Fleur de Lys, d'où naiſſent quantité de Palmes; & ce ſont autant de Symboles de l'Eſperance du Siecle & de ſa felicité.

La Nobleſſe de la Reine eſt exprimée par vn grand Aigle, qui tient vn reuers entre ſon bec & ſes ſerres. Dans ce reuers il n'y a que le Zodiaque mis en face pour repreſenter celle des Armoiries de la Maiſon d'Auſtriche, dans qui douze Maiſons Souueraines ſont fonduës, Caſtille, Leon, Arragon, Bourgogne, Suaube, Grenade, Harſpourg, Flandres, Sicile, Boëme, Hongrie, Alſace. Dont elle porte les Blaſons. Cette Princeſſe eſt repreſentée dans ce Zodiaque ſous l'Image du ſigne de la Vierge, qui eſt entre le Lion & la Balance; le Lion eſt le Symbole de l'Eſpagne, & la Balance, le ſigne ſous lequel elle nâquit. Ces trois ſignes expriment auſſi les trois manieres dont ont acquiert la Nobleſſe par la Naiſſance, par la valeur, & par les Charges de la Robe. La Legende eſt, NOBILITAS AVGVSTA.

La fecondité a pour Symboles deux Dau-
phins couronnez, qui foûtiennent de leurs
queües vn reuers, où l'on void vne Deeffe au
milieu de deux Enfans, qu'on prendroit pour
Latone, Apollon & Diane, fi ce n'eftoient
deux Enfans mâles. C'eft la Reine, le Roy,
& Monfieur auec la Legende, FOECVNDITAS
AVGVSTA. Ce reuers eft foûtenu d'vne Na-
cre, où l'on void quantité de perles, ce qui
fait vn autre Symbole de la feçondité.

La Force eft agreablement peinte fous l'I-
mage d'vn Lion accrouppi, qui tient vn Reuers pofé fur vn Trophée de Drapeaux. Dans
ce Reuers cette Vertu paroift veftuë en Ama-
zone auec l'Efpée d'vne main, tandis qu'elle
foûtient de l'autre vn grand Bouclier appuyé
fur fa Colomne, fous lequel deux petits Enfans font à couuert. C'eft l'Embléme de la
Regence de la Reine, & des Victoires dont
elle fut accompagnée. On lit autour de ce
Reuers: FORTITVDO AVGVSTA.

La Prouidence eft affife dans vn Vaiffeau,
dont elle tient le gouuernail, fans quitter de
veüe le Pole. Ce Reuers eft foûtenu de deux
Anchres, & accompagné de deux Lampes al-
lumées, qui font les Symboles de la Vigilance, & la Legende eft celle-cy, PROVIDEN-
TIA AVGVSTA.

La Paix eft ingenieufement placée dans vn
Fort octogone, dont les Angles font les huit
Couronnes des principaux Souuerains de
l'Europe, auec cette Legende: PACIS AV-
GVSTÆ MVNIMENTVM. Le Fefton eft de

feüilles d'Oliuier, qui se lient à vne Teste de
Mort, qui est l'Image de la Paix, estant le repos de la Vie.

Le Reuers de la Liberalité est sous vne
grande Couronne, trauersée du Sceptre & de
la Main de Iustice passez en Sautoir, & il est
enueloppé du Manteau Royal doublé d'Her-
mine, & semé de Fleurs de Lys. Elle tient vne
Corne d'Abondance qu'elle verse, & dont elle fait sortir quantité de pieces d'or, auec ces
mots : LIBERALITAS AVGVSTA.

La Iustice tient dans son Reuers vne Balance en Equilibre, dans l'vn des plats de la-
quelle il y a les deux Sceptres & la Couronne, & dans l'autre quantité de Cœurs; pour
montrer que sa Dignité ne luy est pas plus
chere que les cœurs de ses Sujets. De la droi-
te elle tient vn Niueau, qui est vn grand A,
auec le plomb, qui fait en mesme temps vn
Symbole de la Iustice, & le Chiffre de la Reine, auec la Legende, IVSTITIA AVGVSTA.
Vn Feston de Cyprés, qui est le Symbole de la
Mort & de la Iustice, parce qu'il est incorru-
ptible, couronne cette Medaille, qui est soû-
tenuë en Sautoir de l'Espée & de la Baguette
veillante, dont les Anciens ont toûjours fait
la marque de cette Vertu.

La Clemence est vne figure qui brise des
Fers, & qui donne des Chaisnes d'or, auec
le mot CLEMENTIA AVGVSTA : Deux Fe-
stons de Cœurs enchaisnez auec des Chaisnes
de Diamant luy font vn ornement agreable.

L'Humilité est figurée par la Reine mesme,

12

à genoux deuant vn Autel, où elle fait amen-
de honorable au S. Sacrement, auec la Legende autour, Hvmilitas Avgvsta.

Les Flambeaux en font vn Symbole affez
propre, parce que plus ils ont d'éclat & de
lumiere, plus ils decroiffent, & fe confu-
ment pour le feruice des Autels.

La Pieté fait le facrifice de fon cœur fur
vn Autel allumé du feu qui defcend du Ciel,
tandis que d'vne autre main elle tient vn
Tournefol, qui fe panche vers le Soleil, pour
montrer la conformité à toutes les volontez
de Dieu; on voit autour, Pietas Avgvsta, & ce reuers eft accompagné de deux
Encenfoirs fumans.

La Conftance dans les aduerfitez eft affez
bien figurée par le Mont Olympe, fur lequel
cette Vertu eft placée, & dont elle void à fes
pieds, fans s'émouuoir, des Foudres, des
Eclairs, des Ruines, des Arbres, & des Bafti-
mens emportez par vn Torrent. Ce reuers
qui a pour Legende, Constantia Avgvsta, eft entre deux Colomnes abbatües
par des vents, fur lefquelles s'éleuent des
plantes de Lierre, qui font des Symboles de
fermeté.

Des deuifes acheuent l'ornement de ce
Pourtour : elles font dans des Cartouches de
Palmes enlaffées à vne Couronne Royale,
qui en fait le comble, & enueloppées du
Manteau Royal dans vn champ femé de larmes. Elles expriment les principaux euene-
ments de la Vie de la feüe Reine.

La première pour sa naissance est vn Firmament semé d'Estoilles, qui paroit auec tout son éclat à la faueur de deux Vents, qui dissipent les broüillas dont l'air auoit esté remply. L'Ame est conceüe en ces mots, MIHI SPLENDOR AB AVSTRIS, pour faire allusion à la Grandeur de la Maison d'Austriche, qui a eu tant d'Empereurs.

La seconde, pour son Mariage auec le feu Roy, est la Lune, auec ces mots de Virgile, ET SOROR ET CONIVX, parce qu'elle estoit Espouse & belle Sœur de Louis le Iuste, à cause de la double alliance des deux Rois. La Lune aussi est souuent en conjonction auec le Soleil, que les Poëtes disent estre son Frere.

La troisieme, pour ses Enfans, est vn Aigle qui a deux Aiglons à ses costez, auec ces mots, GENVIT IOVE DIGNOS.

La quatriéme, pour sa Regence, est le Globe de la terre, qui est à moitié eclairé, & à moitié dans les Tenebres, auec ces mots, HINC LVX, HINC TENEBRÆ, parce que si sa Regence luy fut glorieuse, elle ne fut pas sans troubles, & sans aduersitez.

La cinquiéme, pour la Paix, est vn Arc-en-ciel, qui tombant en pluye, donne la serenité, LACRIMANDO SERENAT.

La sixiéme, pour sa mort, causée par vn Cancer, est le Soleil qui s'arreste au Tropique du Cancer, comme le nomment les Astronomes, auec ces mots, CVRSVS METÆ MEI.

La septiéme, vn Pauot défeüillé, dont la teste est couronnée, DOPO MORTE ANCO REGNA, Elle regne encor apres sa mort.

La huictiéme, vn de ces Poissons qui ont l'Ecaille lumineuse, & qui éclairent de nuict, mort & flottant sur la Mer, MAS LVZ QVE VIDA, plus de lumiere que de vie.

Le Mausolée de la forme de celuy des Anciennes Apotheoses est quarré, & de figure Cubique, pour representer la fermeté de la Vertu de la feüe Reine. Il est à quatre estages, qui repondent aux quatre Lettres de son Nom, lequel est cubique en Latin, estant entier de quelque sens qu'on le prenne, naturellement ou de rebours. ANNA.

Les Figures des Pleureuses, qui sont plantées sur les coins de chaque face, sont les Graces Regentes affligées de la mort de leur Reine.

Ces Graces sont, la Majesté, la Magnificence, la Vigilance, l'Assiduité, la Prudence, la Reflexion, la Sagesse, l'Authorité, la Gloire, la Fermeté, la Iustesse, l'Egalité, la Bonnefoy, la Bonté, la Probité, & la Moderation, qui sont des qualitez Souueraines. Il est vray que ces Graces ne retiennent presque plus rien de l'Eclat qui leur est propre, & elles ne sont occupées qu'à pleurer la perte qu'elles ont faite.

Sur cette representation s'éleue vn Tombeau antique, couuert d'vn Tapis & d'vn Quarreau, sur lequel sont posez la Couronne, le Sceptre & la Main de Iustice, & vn grand

Dais de Velours noir , termine tout cet Appareil.

Le ſujet de la Harangue Funebre reünit toutes ces Graces en deux parties. Dont la premiere fait l'Eloge de la Sageſſe de la Reine dans ſon Adminiſtration, où elle a fait regner toutes les Graces Politiques & Royales. Et la ſeconde, doit conſacrer la memoire de ſa Pietè , qui a Couronné les Graces Naturelles & Chreſtiennes , les ayant ſaintement vnies dans tout le cours de ſa vie.

La France deſolée regarde cet Appareil funebre , auec vne douleur extréme, qui la rend toute interdite , tandis que des Genies luy preſentent le Sceptre , la Couronne , & l'Ecu des Fleurs de Lys , pour luy faire voir qu'il luy reſte des appuis & des Eſperances en ſa perſonne de ſa Majeſté , de la Reine , de Monſeigneur le Dauphin , & de tant d'autres Princes , qui feront le bon-heur de ce Royaume.

Les Armoiries ſont parties au 1. de France & ecartellées, au 2. de Caſtille & de Leon.

NOMS DES ESCOLIERS
qui ont affiché les Emblemes, les Deuises, & les Inscriptions.

André de Virieu, Pointieres,
Pierre de Marnays, } Rhetoriciens.
Renaud de Champfleury.

François de la Croix de Cheurieres.
Charles de Veaulx de Planieu.
Ioseph de Voyse.
Aimard Fresnay. } Humanistes.
Iaques Robustel.
Nicolas Platel.
Gaspard Penon.
Maurice Mandrin.

Ioseph & Claude Mathias de la Retaudiere.
Le Cheualier de Cheurieres. } Troisiémes.
Ioseph de Grammont S. Iulin.
Ioseph de Valin.
Ioseph de Monreol Thomassiere.

Iean Baptiste & Iean de Bossin de la Saone.
Antoine de Blanuille. } Quatriémes.
Oronce de S. Didier.
André Guillot.

Bernard de la Croix de Pisançon.
Alphonse de la Baume. } Cinquiémes
Claude Gerente.
Abraham Didier.